AF247169

OBSERVATIONS

SUR

UN IMPRIMÉ PUBLIÉ EN 1819,

AYANT POUR TITRE:

Projet de changemens à opérer dans le système des places fortes, pour les rendre véritablement utiles à la défense de la France.

A PARIS.

1819.

OBSERVATIONS

SUR

Un imprimé, publié en 1819, ayant pour titre : *Projet de changemens à opérer dans le système des places fortes, pour les rendre véritablement utiles à la défense de la France.*

CET écrit mérite d'autant plus d'être examiné, que le sujet en est très-important, et que les lumières et les services distingués de son auteur (*le lieutenant-général comte de Sainte-Suzanne, pair de France*) donnent beaucoup de poids à son opinion.

Il ne veut qu'un petit nombre de grandes places, de seize à vingt mille hommes de garnison chacune, et regarde les autres comme inutiles. Il organise chaque garnison de manière à former un corps d'armée capable d'agir au dehors. Voici textuellement le tableau qu'il donne (p. 15 et 16) des seize places qu'il propose de conserver autour du royaume, et des six qu'il propose de construire dans l'intérieur.

Frontière du Nord.

Lille,

Laon (à construire),

Mézières,

Metz.

Frontière du Rhin et des Vosges.

Strasbourg,

Langres (à construire),

Besançon.

Frontière des Alpes.

Mâcon (à construire),
Grenoble,
Toulon.

Frontière des Pyrénées.

Auch (à construire),
Perpignan,
Bellegarde ,
Bayonne.

Frontière maritime occidentale.

Rochefort,
Larochelle ,
Lorient,
Brest,
Cherbourg ,
Calais.

Il propose, de plus, de construire dans l'intérieur deux grandes places d'armes :

Orléans,

Clermont en Auvergne ;

de sorte que son système défensif du royaume se compose en tout de vingt-deux grandes places, dont six à construire.

On voit que, dans ce tableau de système défensif, ne sont pas comprises les places ci-après dénommées, que la loi du 10 juillet 1791 avait déclarées de 1re classe, à raison de leurs degrés d'importance, dont même quelques-unes ont été attaquées pendant la guerre de la révolution, ce qui prouve au moins que l'ennemi ne les regardait pas comme inutiles.

Sont de 1re classe : — Gravelines, — Dunkerque et dépendances, — Bergues, — Saint-Omer, — Douai et dépendances, — Valenciennes, — Condé, — Maubeuge, — Charlemont et les Givets, — Sedan, — Montmédi, — Longwy, — Thionville, — Bitche, — Neufbrisack, — Fort-Barreaux, — Briançon, — Mont-Dauphin, — Antibes, — les forts de Marseille, — Portvendre, — Mont-Louis, — Saint-Jean-Pied-de-Port, — Blaye, — Port-Louis, — Saint-Mâlo et dépendances, — le Hâvre.

L'auteur ne fait pas du tout mention de ces places, pas plus que si elles n'existaient pas; et puisqu'il ne les comprend pas dans son tableau de celles à conserver, on doit croire qu'il veut les abandonner, comme étant hors de son système : dans ce cas, on peut lui observer que le Gouvernement, éclairé sur les intérêts de la défense du royaume, les a jusqu'à présent maintenues de 1re classe, c'est-à-dire de premier degré d'importance, et par conséquent à conserver. A la vérité, elles ont été négligées pendant les conquêtes de la guerre de la révolution et du gouvernement impérial, parce que la France s'était beaucoup agrandie au-delà, et que l'ambition de Bonaparte ne connaissait pas de limites. Mais, maintenant que nous en sommes revenus à l'ancienne frontière ; que même des puissances étrangères y possèdent, par le dernier traité, quelques-unes de nos places, en construisent de leur côté de nouvelles ou rétablissent les anciennes, il serait étonnant qu'on se déterminât à une grande suppression parmi celles qui nous restent, surtout parmi celles de 1re et de 2e classe.

L'auteur se prononce positivement pour la suppression de places de 2e et 3e classe : il dit (pag. 20) que, *de son système résulterait, d'abord, l'avantage de la suppression d'un grand nombre de places de 2e et 3e classe, l'épargne de l'entretien de leurs fortifications et des états-majors ; et que le produit de la vente de leurs emplacemens et des matériaux des démolitions, servirait à en compenser les frais, ainsi que ceux de la construction de nouvelles places.*

Pour apprécier ces motifs d'économie, rappelons ce que statue la loi de 1791. Les places de 2e classe seront entretenues, dit-elle, sans augmentation ; et celles de la 3e classe seront conservées en mas-

ses, pour valoir au besoin, sans démolition, et sans autre entretien que celui des
bâtimens qu'on jugerait utiles au service :
d'où l'on voit que la dépense aux places
de 2ᵉ et 3ᵉ classe doit être peu considérable, et qu'elle se rapporte principalement
aux bâtimens : or, n'y eût-il pas de fortifications, il n'en faudrait pas moins des
casernes, des magasins, des hôpitaux, en
un mot des établissemens nécessaires aux
troupes; et il vaut mieux utiliser ou entre-
tenir ceux qui existent dans les places que
d'en construire de nouveaux.... L'auteur
se trompe beaucoup, je crois, en disant
que le produit de la vente des emplacemens des fortifications et des matériaux
des démolitions servirait à en compenser
les frais, ainsi que ceux de la construction des nouvelles places qu'il propose....
Quant aux emplois des états-majors, ce

sont des récompenses d'anciens militaires qui leur servent de retraites ; d'ailleurs, le Gouvernement n'est-il pas toujours maître de supprimer ou de diminuer ces emplois, sans, pour cela, démolir les masses de fortifications ?

D'après le système de l'auteur, démolirons-nous en Flandre, en Artois, sur l'Escaut, sur la Scarpe, sur la Sambre, tandis que, de son côté, le roi des Pays-Bas fait reconstruire les places qui avaient été démantelées sur cette frontière ? — Démolirons-nous sur la Meuse, tandis que les étrangers rétablissent les fortifications de Namur, en construisent ailleurs, et que nous avons cédé de ce côté-là Philippeville, qui est maintenant contre-nous ? — Démolirons-nous sur la Mozelle, lorsque nous n'avons plus la forteresse formidable de Luxembourg, qu'au contraire elle nous menace, et que Thionville, situé à cinq lieues en avant de Metz, se trouve à - peu - près à la même proximité de Luxembourg, en 1re ligne?—Depuis que les Prussiens sont maîtres de Sar-Louis, nous n'avons plus rien sur la frontière de la Sarre. — Depuis que nous avons été obligés de céder Landau, la basse Alsace a perdu son principal boulevard, et cette place importante est très-menaçante contre nous. Le château de Bitche acquiert par là plus d'intérêt pour défendre un débouché des Vosges, et mérite qu'on lui ajoute des fortifications extérieures. —On ne peut rien démolir dans la haute Alsace, surtout depuis que Huningue n'existe plus. Ce pays deviendra encore plus intéressant par l'achèvement du canal de jonction entre le Rhin et la Saône, et par consé-

quent avec le Rhône. —Loin de rien démolir sur les frontières de la Suisse, il y
aurait encore quelque point à fortifier. —
Depuis que nous ne sommes plus maîtres
des places du Piémont et de la Savoie,
Briançon, Mont-Dauphin, et Fort-Barreaux, sont les points importans de la
frontière des Alpes, à laquelle Grenoble
sert d'arsenal et de dépôt ; et d'autres
places ou postes défendent des débouchés.
Antibes, petite place maritime, est maintenant en 1re ligne près la frontière du
Var. — En Provence et en Languedoc,
il peut y avoir quelque place ou poste à
supprimer ou à négliger. — Quant aux
places et postes militaires de la frontière
des Pyrénées et des côtes de l'Océan, il
n'y a rien à supprimer, d'autant plus que
les moins importantes de ces places et
postes ont des motifs particuliers d'uti-

lité, relativement aux diverses localités, qui doivent les faire maintenir.

Il serait trop long de vouloir marquer les degrés d'intérêt de toutes les places et postes dont la suppression résulterait du système que nous examinons. J'ai voulu seulement faire sentir ici combien ce système, ou tout autre semblable, serait peu convenable à l'état actuel des choses.

Les détracteurs des places se récrient, surtout, sur la multiplicité de celles qui existent dans quelques provinces du Nord, où elles appuient des lignes défensives à prendre sur la Lys, l'Aa, la Canche, l'Authie, la Somme. Cette multiplicité, tant reprochée, vient de la mobilité qu'a éprouvée autrefois la frontière de ce côté-là, soit par d'anciennes réunions à la Monarchie, soit par les événemens de la guerre. Ré-

marquons que ces pays de plaine abon-
dans en subsistances, qui, par cela même
qu'ils sont très-fertiles, semblent plus
exposés aux invasions ou incursions hostiles, et qui ont été si souvent le théâtre
des guerres, ont naturellement plus besoin
de forteresses. Remarquons aussi qu'a-
près une longue suite de succès glorieux
et de conquêtes, nous avons été, depuis
peu, promptement ramenés à nos anciennes
frontières, sur lesquelles nous avons été
même obligés de céder plusieurs places
importantes. Or, qui peut nous répondre
qu'à l'avenir d'autres événemens malheu-
reux ne restreindront pas encore nos frontières? Alors on aurait à regretter les places
que nous aurions fait démolir, et une res-
ponsabilité morale péserait sur ceux qui
en auraient provoqué la démolition. Lais-
sons-les donc exister; ne faisons pas des

dépenses aux fortifications de celles qui nous paraissent, quant à présent, inutiles, sauf à tirer parti de leurs masses si les circonstances futures le demandaient : il leur restera une force d'inertie qui ne nous coûtera rien, et qui, au besoin, pourrait être vivifiée par l'intervention de quelques forces actives.

L'auteur motive son opinion défavorable aux places de guerre, en disant (pag. 8 et 9) que *les places d'Italie, celles de la rive droite du Rhin, celles de l'Allemagne, de la Prusse, n'ont pas empêché nos armées d'envahir ces vastes pays; que Magdebourg ouvrit ses portes à un corps plus faible que sa garnison, que toutes celles de l'Oder tombèrent en notre pouvoir avec la même facilité; et qu'en 1814 et 1815,*

*la France elle-même a été envahie deux
fois malgré ses places.*

Je n'entreprends pas de justifier les
places des pays étrangers, dont la défection a peut-être tenu à des causes qu'il est
inutile d'examiner ici. Je me borne à justifier les nôtres : on ne peut disconvenir
qu'elles n'aient, à différentes époques,
joué un rôle intéressant dans nos guerres :
je m'en réfère, pour les temps éloignés, à
l'histoire : elle est remplie de récits de
siéges plus ou moins marquans; et il serait
singulier que tant d'illustres généraux qui
se sont succédés eussent voulu sacrifier
beaucoup de temps, d'hommes et de
moyens, dans les opérations longues et
meurtrières, soit pour l'attaque, soit pour
la défense des places, si elles eussent été
inutiles; il serait singulier aussi que le

siècle éclairé de Louis XIV, si fécond en grands généraux, en habiles administrateurs militaires, fût tombé inconsidérément dans l'abus de forteresses qui lui coûtèrent tant de dépenses, et qu'on voudrait maintenant faire regarder la plupart comme inutiles. ... On ne saurait nier que nos places n'aient fait preuve d'utilité, notamment vers la fin du règne de Louis XIV, dans la malheureuse guerre de la succession, où la France eut à lutter contre une coalition de forces formidables dirigées par Malborough et le prince Eugène. Notre armée, par une suite de revers, ne pouvait plus leur résister : les places de la frontière du Nord suspendirent leur marche victorieuse ; le siége de Lille coûta au prince Eugène presqu'une campagne ; celles en arrière servirent de points d'appui aux positions défensives du maréchal de

Villars, qui, pendant le siége de la petite place de Landrecy (de 2ᵉ classe), profita d'un moment favorable pour l'offensive, et la bataille de Denain sauva la France... En 1793, après la perte de la bataille de Nerwinde et la défection de Dumouriez, notre armée, faible et désorganisée, ne pouvait plus se mesurer contre l'armée puissante des alliés; mais celle-ci fut retenue pendant le reste de la campagne par les siéges de Valenciennes, Condé, et le Quesnoy, ce qui nous donna le temps de rétablir nos forces. La campagne suivante débuta par la prise de Charleroy; et la bataille de Fleurus nous rendit maîtres de la Belgique dénuée de places par l'imprévoyante politique de Joseph II, qui en avait ordonné la démolition. Celles que nous avions perdues furent bientôt après reprises sans beaucoup de peine, par l'habile

ingénieur Marescot : elles nous avaient
été très-utiles, et elles devinrent inutiles
aux ennemis. Cette époque fut pour nous
le commencement d'une longue suite de
victoires et de conquêtes à jamais mémo-
rables... Ces deux exemples prouvent que
les places, dans les circonstances criti-
ques, nous font gagner du temps; et le
temps est souvent maître des événemens,
surtout pour une nation qui a tant de res-
sources.

Quant à l'envahissement de la France
en 1814 et 1815, dont l'auteur fait un reproche à nos places, je répéterai ce que
j'ai dit ailleurs. Cette époque est si extra-
ordinaire, qu'elle sort pour ainsi dire des
règles de l'art militaire. En effet, après les
grands désastres de nos armées, les forces
de presque toute l'Europe se trouvèrent

spontanément sur les anciennes frontières de France ; leur principale aggression se dirigea du côté de la Champagne et de la Bourgogne, qui est le plus dénué de forteresses. Ailleurs, par l'immense supériorité du nombre, elles débordèrent, investirent, bloquèrent, les places de guerre abandonnées à elles-mêmes, sans approvisionnemens, presque sans troupes, dont plusieurs ouvraient leurs portes au seul nom du roi légitime : d'autres, regardant les étrangers comme alliés, ne voulurent prendre aucune influence hostile contre eux. Est-il étonnant, d'après tout cela, qu'elles n'aient pas arrêté ou suspendu leur marche vers l'intérieur ? Est-il étonnant qu'elles ne les aient pas empêchés d'envahir le territoire français, qui les regardait alors comme libérateurs ? Encore même, sur certains points, furent-ils

obligés de laisser en arrière des corps considérables pour bloquer ou neutraliser des
places qu'ils redoutaient.

Nous convenons que, dans les guerres
d'invasion, telles que celles qui ont eu lieu
de nos jours, les places fortes ont moins
d'influence : en effet, suivant les principes
de l'art militaire pratiqués dans les guerres
ordinaires et consacrés par une longue
expérience, les places servent de bases
ou points d'appui aux lignes d'opérations,
assurent les magasins, protègent les communications, et se lient de plusieurs ma-
nières aux plans de campagne et à leur
exécution : au lieu que, dans les guerres
d'invasion, on néglige ces précautions ;
mais, plus on s'en écarte, plus on s'expose
à des revers, et plus ils ont de grandes
conséquences. C'est principalement l'am-

bition effrénée de Bonaparte qui a occasionné récemment ces invasions si funestes aux peuples, et il en a été puni. Il faut espérer que ce genre de guerre deviendra rare, et que nous ne verrons pas désormais ces armemens immenses, et ces levées en masses, fléaux destructeurs des nations civilisées, à moins que ce ne soit pour leur défense, et pour résister à l'oppression.

Nous convenons aussi que les grandes places ont plus d'influence dans les opérations de campagne, non par elles-mêmes, mais par les corps d'armée qu'elles reçoivent, ou par les garnisons considérables qu'elles exigent, faute desquelles leur capacité et la grande étendue de leurs ouvrages deviendraient plus nuisibles qu'utiles, puisqu'étant attaquées de plusieurs côtés, on ne pourrait pas les défendre effi-cacement.

L'auteur cite (pag. 31) les défenses de Kehl, Maïence, Gênes et Dantzick, qu'il regarde comme les seules remarquables pendant une guerre de vingt-cinq ans, les seules qui ont présenté de grandes res-sources après des revers, qui ont arrêté ou ralenti les progrès de l'ennemi, et cela, dit-il, parce que ces places renfermaient de *véritables corps d'armée*, d'où il conclut qu'il ne faut qu'un petit nombre de forteresses bien situées et assez grandes pour qu'on puisse y laisser des garnisons *semblables à des corps d'armée, c'est-à-dire, composées d'infanterie, cava-lerie et artillerie légère, dans des pro-portions convenables* (pag. 13). Assuré-ment, ce système n'économiserait pas les troupes de lignes, et en prendrait beaucoup sur l'armée active destinée à tenir la campagne.

Kehl était une position retranchée sur la rive droite du Rhin, dont l'ancien fort de Kehl était le noyau : comme elle communiquait librement avec Strasbourg sur la rive gauche, elle était défendue par une armée qui ne manquait de rien, contre une armée supérieure. Ce fut une défense glorieuse qui, en retenant les forces autrichiennes, facilita nos succès en Italie... En 1793, les forces formidables des puissances coalisées assiégeaient en même temps Maïence et Valenciennes : la première de ces places, avec ses forts extérieurs, est plus considérable que l'autre, et avait vingt-deux mille hommes de garnison de toutes armes : l'autre n'avait que neuf à dix mille hommes provenant des débris de la défection de Dumouriez. La tranchée devant Maïence fut ouverte le 18 juin; et devant Valenciennes, elle avait été ouverte la nuit du 8 au 9 juin. La capitulation de Valenciennes fut faite le 28 juillet ; les ouvrages extérieurs du côté d'attaque étaient pris; il y avait trois brèches au corps de place; et une partie de la ville était détruite par un long et terrible bombardement. La capitulation de Maïence avait eu lieu le 20 juillet : son principal motif fut qu'on était menacé de manquer de subsistances et de fourrages : c'est ce qui arrive ordinairement dans les grandes places populeuses, et qui ont des garnisons considérables : c'est ce qui est arrivé aussi à Gênes et à Dantzick, qui se rendirent sans que leurs corps de place fussent entamés.... Lorsque quelques corps d'armée formant garnison sont obligés de capituler, ils sont le plus souvent prisonniers de guerre ou condamnés pendant un temps à l'inactivité de campagne, ce qui diminue d'autant les forces actives à opposer à l'ennemi.

La comparaison des siéges simultanés de Maïence et de Valenciennes, l'un et l'autre par une armée de quatre-vingt mille hommes, doit faire sentir que les durées de résistance des places, et même leurs résultats, ne sont pas toujours en proportion de la grandeur de ces places et du grand nombre des troupes de leurs garnisons.... L'auteur ne trouve remarquables que les défenses de grandes places défendues par des corps d'armée : il n'a pas dû, par conséquent, citer celle de la petite place de Huningue, qui, en 1815, n'ayant qu'une poignée de soldats commandés par le général Barbanègre, fit une opiniâtre résistance contre une armée de vingt-cinq mille hommes commandée par l'archiduc Jean, pourvue d'une nombreuse artillerie, et mérita l'admiration des assiégeans.

Certainement, il est indispensable d'avoir sur chaque frontière quelques principales places de dépôt pour renfermer et mettre en sûreté les arsenaux, les magasins, les approvisionnemens et tout ce qui est nécessaire à la guerre. Il faut aussi qu'elles puissent, en cas de besoin, servir d'asyle ou d'appui à de grands corps de troupes. L'intérieur de celles-ci doit être assez spacieux pour contenir les divers établissemens ; elles doivent être fortifiées avec soin, et avoir d'assez fortes garnisons : Lille, Douay, Metz, Strasbourg, remplissent cette importante destination sur nos frontières entre la Manche et le Rhin, d'environ cent vingt lieues d'étendue. D'après le système exclusif de l'auteur en faveur des grandes places, voudrait-il qu'on regardât comme inutiles celles d'une capacité moyenne ou modique qui existent entre les quatre ci-dessus, soit en 1re, 2e ou 3e ligne ? Plusieurs peuvent servir d'entrepôts ou d'auxiliaires ; presque toutes ont eu pour objet de garder des points plus ou moins intéressans ; celles sur des rivières, pour appuyer quelques lignes de défense, assurer leur passage, maîtriser leur navigation, faire servir leurs eaux à la défensive ; d'autres pour couvrir ou éclairer des débouchés ; d'autres pour protéger nos communications,

gêner celles de l'ennemi, etc. La configu-
ration des pays n'a pas tellement changé
qu'elles ne pussent encore trouver leur
moment d'utilité. L'auteur voudrait-il,
sans avoir aucun égard aux motifs de lo-
calité, les supprimer, priver ainsi les
vastes intervalles que présente son système, de la protection qu'ils en reçoivent, et de l'influence secondaire qu'elles
peuvent prendre dans les opérations de
campagne? Voudrait-il laisser ces pays
à la merci d'entreprises hostiles, sans
secours, sans asyle contre les incursions
des partis ennemis, et isoler ainsi l'intérêt des habitans? Voudrait-il aussi,
généralisant son système exclusif, étendre
la proscription sur les petites places et
postes militaires des frontières des Alpes,
des Pyrénées et des côtes maritimes?

elles n'ont rien de trop en ce genre, relativement aux localités.

Le principal but qu'on doit se proposer, c'est l'intégrité du territoire français, et d'empêcher, autant que possible, que les ennemis ne viennent exercer sur nos provinces les droits de conquête et de propriété : or, d'après le système de l'auteur, quelle sécurité pourraient offrir des places dont les grands intervalles seraient au moins de trente-six lieues, et qui, par la suppression des places intermédiaires actuellement existantes, resteraient entièrement ouverts aux entreprises des ennemis ? L'état militaire de la France est encore au-dessous de celui des grandes puissances continentales d'Europe ; et tandis que nous sommes inférieurs en forces actives, pourquoi vouloir se presser d'atténuer nos forces inertes, qui sont nos places de guerre? Elles ont, outre leur valeur réelle, une valeur d'opinion, et ce serait impolitique à nous de vouloir la détruire.

En vain objecte-t-on que les garnisons de toutes les places de 2ᵉ et 3ᵉ classe affaiblissent trop l'armée. Ne sait-on pas que beaucoup de ces places et postes militaires, du moins celles qui ne se trouvaient pas dans le cas d'être menacées, ont été gardées en temps de guerre par les dépôts des régimens, par les compagnies de vétérans, fusiliers et canonniers qu'on appelle maintenant *compagnies sédentaires*, par les gardes-nationales, en un mot par des parties de la force publique non destinées à tenir la campagne? Et depuis la loi de recrutement, on pourrait employer avéc succès au service des places tel nombre qu'on jugerait à propos de vétérans, c'est-à-dire de sous-officiers et soldats qui, ayant achevé leur temps de service effectif dans la ligne, sont domiciliés dans les départemens. Ordinairement toutes les frontières ne sont pas attaquées en même temps ; et sur celle qui est le théâtre de la guerre, les places n'étant dans le cas d'être assiégées que successivement, elles n'ont pas besoin d'avoir toutes à la fois leur complet de garnison : il suffit de le fournir à propos à celles qui sont menacées, en ménageant ainsi, autant que possible, les forces actives; au lieu que l'auteur demande, pour chacune des places de son système, un corps d'armée de seize ou vingt mille hommes, *complètement et constamment organisé en infanterie, cavalerie et artillerie légère*, ce qui diminuerait bien autrement l'armée qui doit tenir la campagne. Il est vrai qu'il dit (pag. 25) que l'armée française ne peut être moindre de *cinq cent mille hommes*.

En général, la propriété de l'art de la fortification est de mettre le petit nombre en état de résister au grand nombre. Il arrive souvent qu'une place ou poste couvre un débouché, ou occupe une position tellement essentielle, qu'elle eût demandé un gros corps de troupes pour la garder; tandis qu'une simple garnison suffit; ce qui, par conséquent, économise sur les forces de l'armée active : celles-ci peuvent être secondées par les troupes de garnisons, suivant les circonstances. Quant aux approvisionnemens et munitions qu'on met dans les places, ils ne sont jamais perdus, puisqu'ils peuvent servir pour l'armée.

Si l'on veut suppléer à la capacité intérieure d'une forteresse, on le peut sans beaucoup de dépenses, en établissant sous son canon un camp retranché, lorsque le terrain environnant s'y prête, de manière que cette forteresse, quoique modique par elle-même, devient cependant susceptible de recevoir à volonté un corps d'armée sous sa protection, et acquiert ainsi des avantages plus étendus. Cette bonne idée, qui nous vient de Vauban, a été adoptée par les gens de l'art, pratiquée quelquefois, notamment à Dunkerque, à Maubeuge, et est applicable à d'autres endroits. Voilà un moyen de contenter ceux qui veulent que des places de guerre soient susceptibles de recevoir, au besoin, des corps considérables de troupes.

D'après ce que nous avons dit relativement aux places et postes militaires qui existent au vaste pourtour du royaume de France, on peut conclure qu'il ne faut pas, sur ce sujet important, céder légèrement à l'esprit d'innovation; qu'il est prudent, du moins quant à présent, de s'en tenir à leur égard aux vues de la loi du 10 juillet 1791 : elle statue que les places et postes de 1re classe, c'est-à-dire, de premier degré d'importance, doivent être, non – seulement entretenues avec soin, mais encore renforcées dans toutes celles de leurs parties qui l'exigeraient; que celles de 2e classe doivent être entretenues sans augmentation, si ce n'est pour l'achèvement d'ouvrages commencés; et que celles de 3e classe doivent être conservées en masses pour valoir au besoin, sans démolition, et sans autre entretien que celui des bâtimens qui seraient jugés utiles au service... On ne peut qu'applaudir à cette sage gradation qui proportionne les dépenses aux degrés d'importance, et n'en admet pas de superflues..... Si quelques villes ou postes de 3e et 2e classe ne sont plus fermées, ou n'ont presque plus de fortifications, elles doivent être rayées du tableau des places de guerre, sauf à conserver leurs citadelles s'il y en a. Si, au contraire, quelques autres ont acquis, par de nouvelles combinaisons, plus d'intérêt qu'elles n'en avaient en 1791, elles doivent être classées plus favorablement.

Au reste, on aurait tort de me reprocher d'attacher une telle importance à toutes les places de 2ᵉ et 3ᵉ classe (qu'on trouve trop nombreuses du côté de la frontière du Nord), que je crusse la sûreté de l'Etat compromise si l'on en supprimait quelqu'une. Eloigné de toute espèce d'exagération, j'ai voulu seulement soumettre à la discussion le système exclusif en faveur d'un petit nombre déterminé de grandes places, espacées de loin en loin, et tendant à supprimer toutes les autres qui existent, les regardant, dit-on, comme inutiles et même nuisibles par l'entretien et les garnisons qu'elles exigent : j'ai voulu faire sentir qu'il ne s'agit pas ici de dispositions spéculatives, comme si tout était à créer pour le système défensif du royaume ; mais qu'il faut, prenant les choses telles qu'elles sont, et les combinant avec les intérêts politiques et les localités, chercher à en tirer le meilleur parti qu'on peut, y suppléer même aux endroits où cela serait nécessaire.

Quant aux six nouvelles places ou positions retranchées que l'auteur propose, celle de *Laon* aurait pour objet, dit-il, de servir de point d'appui et de ralliement, en arrière de la frontière du Nord, à une armée défensive qui se retirerait par l'intervalle entre Lille et Mézières, ou entre Mézières et Metz. Celle de *Langres* remplirait le même office en arrière des intervalles entre Metz et Strasbourg, et entre Strasbourg et Besançon. D'autres proposent de fortifier aussi *Reims*, *Château-Thierry*, etc.

Si l'auteur trouve important d'établir deux places à Laon et Langres, pour servir de points d'appui, bien en arrière des frontières du Nord, du Rhin et du Doubs, qui ont plus de 150 lieues d'étendue, et sur lesquelles il ne conserve que cinq places, Lille, Mézières, Metz, Strasbourg, Besançon, ce n'est pas une raison pour qu'il supprime celles qui existent en 1re, 2e et 3e ligne entre celles-ci, et qui défendent leurs grands intervalles. C'est vouloir gratuitement ouvrir le pays; c'est vouloir affaiblir la défense des frontières, dans l'idée de fortifier quelques nouveaux points de l'intérieur; c'est vouloir sacrifier ce qui existe à ce qu'il met en projet; en un mot, c'est un système de suppression pour un de reconstruction. Du moins, avant de supprimer ce qu'on croit avoir de trop, attendons d'avoir ce qui nous manque.

L'occupation de Paris par les étrangers a fait désirer une place de dépôt sur la Loire; l'auteur l'indique à *Orléans :* celle-ci serait, dit-il, destinée à être une grande place d'armes, *et à devenir le dernier point d'appui de nos armées actives.* Elle devrait, par conséquent, avoir beaucoup de force, de capacité intérieure, et d'établissemens analogues à sa destination. D'autres préféreraient Tours ; d'autres indiquent la situation de Bourges, à 58 lieues de Paris... On voit, par le projet de l'auteur et par la carte qui y est jointe, qu'il propose une place ou position retranchée à *Auch*, en arrière de la frontière des Pyrénées. La situation de Toulouse sur la Garonne et sur le canal de jonction des deux mers est préférable. Cette ville, illustrée par les belles-lettres, a été glorieusement inscrite, par le maréchal Soult, dans les fastes militaires... On voit aussi que l'auteur propose deux places ou positions retranchées à *Mâcon*, et à *Clermont* en Auvergne. La situation de Lyon sur le Rhône et la Saône près du confluent, et au nœud de plusieurs routes, serait préférable aux deux autres, sauf à y approprier le genre de fortifications dont elle est susceptible... Au reste, si l'on adoptait le système de nouvelles places ou positions retranchées dans l'intérieur du royaume, comme moyens extrêmes, dont les invasions en 1814 et 1815 ont fait naître l'idée, ce serait au Gouvernement à statuer sur le choix de leurs emplacemens et sur la disposition des ouvrages qui conviendraient à chacun.

Sans doute mon honorable collègue, monsieur le lieutenant-général comte de Sainte-Suzanne, pair de France, ne me saura pas mauvais gré de ce que je ne partage pas toutes les idées énoncées dans l'imprimé que je viens d'examiner, qui, au surplus, contient de bonnes choses. Dans ce temps où tous les intérêts publics sont soumis à la discussion, on peut différer d'opinions sans ceser d'être amis et d'être animés du même zèle.

Le l^t.-g^{al}. c^{mte}. DEMBARRERE, pair de France.

Note. Il n'est pas hors de propos de dire ici deux mots sur les améliorations que l'auteur croit introduire dans l'organisation particulière de la fortification (pag. 18).

Il veut, dans les bastions, des fronts présumés d'attaque, des cavaliers pour avoir des feux plongeans. Son vœu se trouve rempli dans plusieurs de nos places ; on a même adopté l'idée de cavaliers retranchés de sorte qu'ils puissent tenir après l'ouverture des brèches aux faces des bastions ; et sous leurs massifs en terre, on peut, lors de leur construction, pratiquer des souterrains voûtés à l'épreuve de la bombe.

Il veut, pour ouvrages avancés, *des grosses demi-lunes qu'on porterait*, dit-il, *en avant des courtines*. Les gens de l'art ont reconnu depuis long-temps l'avantage de donner aux demi-lunes beaucoup de saillie, et d'avoir de bons réduits dans leur intérieur, ainsi qu'on le voit aux fortifications de Metz.

L'auteur veut *pour enveloppe un simple glacis*, ce qui doit s'entendre sans chemin couvert. Ici, il ne paraît pas conséquent avec lui-même ; car, en exigeant une très-forte garnison ou *un corps d'armée* dans chacune de ses places, c'est sans doute pour qu'il puisse agir au dehors, et que, pendant le siége, il fasse des sorties considérables : or, une des propriétés des chemins couverts est de favoriser les grandes sorties et leur retour.

Enfin, *il recommande les tirs des bouches à feu en lignes paraboliques*. Depuis long-temps les tirs à ricochets, les obuz, les bombes, sont d'un très-grand usage dans l'attaque et la défense des places, pour porter la destruction, d'une part dans l'intérieur des ouvrages, de l'autre dans les établissemens d'attaque.

L'auteur s'excuse du reproche d'innovation en disant (pag. 6) : *Ce n'est pas moi qui suis novateur ; c'est Bousmard qui a changé le système d'attaque des places fortes, et par conséquent celui de leur construction et de leur défense.* Bousmard était un ingénieur français qui, au commencement de la révolution, passa au service de Prusse, où il a été tué à la défense de Dantzick contre l'armée française. Il a publié un *Essai général de fortification, d'attaque et défense des places*, dans lequel il s'est proposé l'enseignement complet de cette partie importante de l'art militaire ; et il ne se donne pas pour novateur ; car il avertit (pag. 3 de la préface) qu'*il a tâché de révéler pleinement la méthode du corps du génie français.* Dans le livre cinquième, qui traite de la défense des Etats par la fortification, il parle avec le plus grand éloge du système défensif des frontières de France : c'est, dit-il (pag. 55), *un monument élevé par Vauban à la gloire de son roi et à la défense de son pays.* Tous les développemens qu'il donne (pages 136, 137, 138, 139) sont bien loin de tendre à une suppression en ce genre... Quant à l'assertion ci-devant énoncée, que *Bousmard a changé le système d'attaque des places fortes*, on ne sait sur quoi elle est fondée ; car, dans son ouvrage, il est fidèle à la méthode d'attaque de Vauban et de ses successeurs : on n'y voit pas de nouveau système d'attaque, ni des changemens notables à cet égard qui dussent en faire adopter dans nos méthodes de fortification, encore moins dans les vues de la défense de l'État par le moyen des places de guerre : en un mot, on n'y trouve rien à l'appui du système de suppression de places dont il s'agit ici.

F I N.

DE L'IMPRIMERIE DE FEUGUERAY,

rue du Cloître Saint-Benoît, n° 4.